CRISTINA CONTILLI
(a cura)

BIBLIOGRAFIA
RAGIONATA
DELLE OPERE
DI SILVIO PELLICO
(1816-2011)

Lulu.com

3101 Hillsborough Street

Raleigh, NC 27607

USA

Printed in 2013.

Terza edizione

NUOVA EDIZIONE CON L'AGGIUNTA DI UN'APPENDICE DEDICATA ALLE OPERE MINORI DI SILVIO PELLICO: CANTICHE D'AMBIENTAZIONE MEDIEVALE, POESIE RELIGIOSE, PUBBLICAZIONI D'OCCASIONE.

Nuova ristampa (con l'aggiunta di una biografia dettagliata del Pellico): novembre 2013.

OPERE COMPLETE

DI

SILVIO PELLICO

CON LE

ADDIZIONI

DI

PIERO MARONCELLI

ALLE MIE PRIGIONI

MILANO
PRESSO LA LIBRERIA DI DANTE
1864.

*Un'edizione ottocentesca
delle opere del Pellico.*

Edizioni principali delle opere di Silvio Pellico:

S. PELLICO, *Breve soggiorno in Milano di Battistino Barometro, a cura di M. Ricciardi*, Napoli, Guida, 1983.

Id., *Corradino,* Torino, Utet, 1922.

Id., *Dei doveri degli uomini,* Torino, Bocca, 1834.

Id., *Eufemio di Messina,* Milano, Vincenzo Ferrario, 1820.

Id., *Francesca da Rimini,* Milano, G. Pirotta, 1818.

Id., *Le mie prigioni,* Torino, Bocca, 1832.

Id., *Le mie prigioni, commentate con documenti inediti degli archivi di Milano, di Roma, di Venezia, di Vienna e di Brunn da Domenico Chiattone,* Saluzzo, G. Bovo, 1907.

Id., *Le mie Prigioni, a cura di S. Spellanzon,* Milano, Rizzoli, 1987.

Id., *Le mie Prigioni, con un discorso introduttivo e brevi note storiche di F. Ravello,* Torino, Sei, 1963.

Id., *Le mie Prigioni ed altri scritti scelti, con introduzione e commento di E. Bellorini*, Milano, Vallardi, 1907.

Id., *Le mie prigioni. Cenni biografici di Silvio Pellico scritti dal sacerdote Bosco Giovanni*, Torino, Collegio degli artigianelli, 1883.

Id., *Le mie prigioni; con proemio e note di Cesare Spellanzon*, Milano, Rizzoli, 1933.

Id., *Le mie prigioni, a cura di a. a. Mola. Introduzione di G. Rabbia. Manoscritto fotografato da G. Durante*, Fondazione Cassa di Risparmio di Saluzzo, 2004.

Id., *Le più belle pagine di Silvio Pellico scelte da Grazia Deledda*, Milano, Fratelli Treves, 1923.

Id., *Opere, con un'introduzione di Piero Maroncelli intitolata Silvio Pellico - Cenni biografici*, Torino, Pomba, 1852, 3 voll.

Id., *Opere complete*, Firenze, Le Monnier, 1856-1860, 4 voll.

Id., *Opere inedite*, Torino, Bocca, 1832.

Id., *Opere scelte, a cura di C. Curto*, Torino, Utet, 1978.

Id., *Poesie e tragedie scelte, a cura di M. Scherillo*, Milano, Hoepli, 1910.

Id., *Poesie inedite*, Torino, Chirio e Mina, 1837.

Id., *Scritti scelti, introduzione e commento di A. Romanò*, Torino, Loescher, 1960.

Id., *Tommaso Moro*, Torino, Bocca, 1833.

Id., *Tre nuove tragedie (Leoniero da Dertona, Gismonda da Mendrisio, Erodiade)*, Torino, Bocca, 1832.

Id. *Tragedie (Francesca da Rimini – Corradino)*, Torino, Utet, 1922.

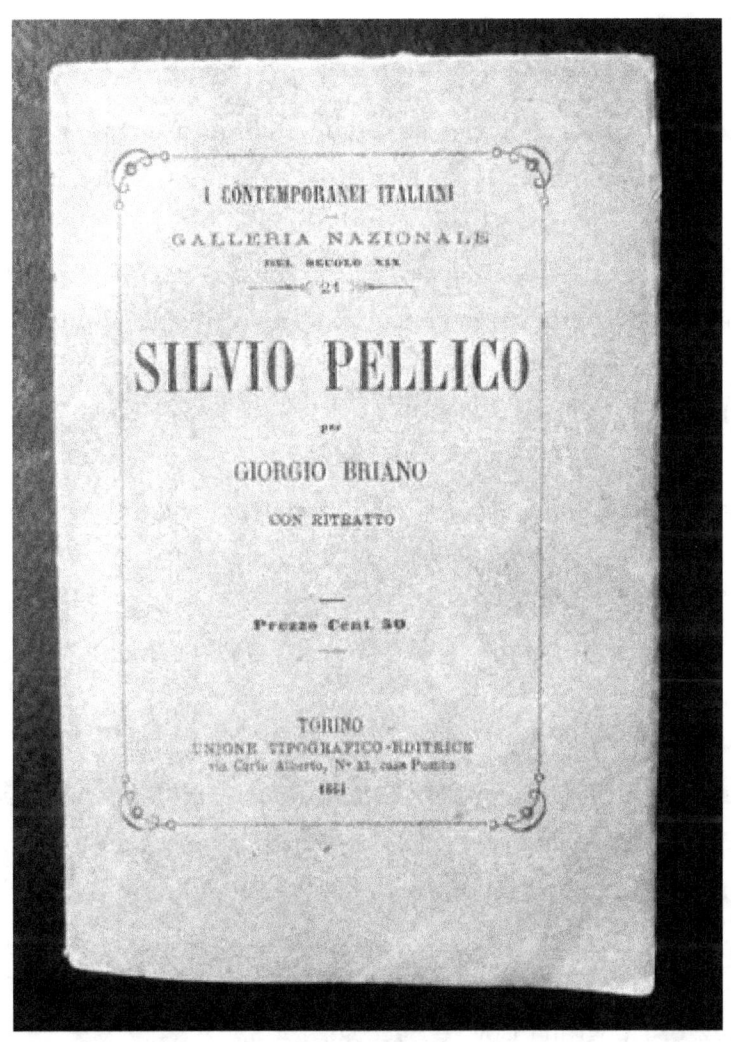

La prima biografia del Pellico scritta dal suo amico Giorgio Briano e pubblicata a Torino nel 1861.

7

Biografie e saggi critici su Silvio Pellico e su personaggi legati alla sua vita:

B. ALLASON, *La vita di Silvio Pellico*, Milano, Mondadori, 1933 (Contiene la riproduzione fotografica del contratto stipulato da Silvio Pellico con l'editore Bocca di Torino per la pubblicazione de Le mie prigioni).

D. ANELLI, *Un'eroica figura del risorgimento: Ettore Perrone di San Martino*, Ivrea, Tipografia D. Blognino, 1949.

L. BALDACCI (A CURA), *Poeti minori dell'Ottocento*, Napoli, Ricciardi, 1958.

S. BALLARIO, *S. Giuseppe Benedetto Cottolengo fondatore della Piccola Casa della Divina Provvidenza in Torino: apostolo della carità cristiana*, Pinerolo, Opera Pia Cottolengo, 1944.

E. BELLORINI, *Osservazioni sull'epistolario di Silvio Pellico*, Saluzzo, Tipografia Bovo e Baccolo, 1903.

Id., *Silvio Pellico*, Messina, Principato, 1916.

G. BERTERO, *Rassegna bibliografica di opere di Silvio Pellico (1818-1910)*, Saluzzo, Assessorato alla cultura del Comune, 1989.

Id., *La collezione di Silvio Pellico nella Biblioteca civica di Saluzzo*, Estratto da Saggi e Rassegne sulle fonti della Biblioteca di Storia e Cultura del Piemonte "G. Grosso", pp. 7-30.

R. BARBIERA, *Silvio Pellico*, Milano, Alpes, 1926.

G. CAGNO, *Silvio Pellico librettista e traduttore per la Gegia Marchionni*, Torino, Stabilimento Tipografico Sane, 1921.
(Contiene i versi del vaudeville La festa di Bussone scritto dal Pellico nel 1820 oltre ad ampi brani delle lettere d'amore indirizzate dal Pellico all'attrice Teresa Marchionni).

M. CONSIGLI, *Biografia della celebre attrice livornese Carolina Internari con appendice di poesie a lei dedicate da Silvio Pellico, Antonio Guadagnoli, Francesco Dall'Ongaro e di XVI lettere inedite di G. B. Niccolini*, Livorno, Tipografia Vannini, 1878.

C. CONTILLI, *Le passioni di Silvio Pellico: amicizia, amore e scrittura nella vita di un poeta dell'800,* Torino, Carta e Penna, 2007²

Id., *Dalla prigionia nello Spielberg al ritorno alla vita*, Viareggio, Giovane Holden, 2008, London, Lulu.com, 2010.

F. DE SANCTIS, *Scelta di scritti critici e ricordi, a cura di g. contini*, Torino, Utet, 1969.

C.CONTILLI-L.GAY, *Un amore mai dimenticato: Silvio Pellico e Cristina Archinto Trivulzio*, London, Lulu.com, 2010.

C. ESPOSITO, *Il carbonaro Andrea Tonelli. Biografia del martire dello Spielberg e lettere inedite di Silvio Pellico, Giorgio Pallavicino e altri patrioti*, Rovato, Tipografia Donati, 1959 (Contiene quattro lettere indirizzate da Silvio Pellico all'ex compagno di prigionia Andrea Tonelli, datate rispettivamente 22 novembre 1830, 30 luglio 1842, 20 agosto 1842 e 3 novembre 1852).

N. GABIANI, *Filippo Artico e due lettere inedite di Silvio Pellico*, Asti, Tipografia Paglieri e Raspi, 1921 (Contiene due lettere, indirizzate a mons. Filippo Artico, la prima datata 20 dicembre 1846, la seconda datata 15 febbraio 1847).

D. GASPARI, *Vita di Terenzio Mamiani della Rovere*, Ancona, Morelli, 1888.

G. GIOVANNINI MAGONIO, *Italiane benemerite del Risorgimento*, Milano, Tipografia Editrice L.F. Cogliati, 1907. (Contiene la biografia di due poetesse, amiche e corrispondenti del Pellico: Massimina Fantastici Rosellini e Giulia Molino Colombini).

M. GONTIER, *Silvio Pellico ospite comunque: appunti sulla vita di un piemontese d'Europa nel centosessantesimo anniversario della sua liberazione dallo Spielberg*, Pinerolo, Societa storica pinerolese, 1990.

F. LEMMI, *Il processo del principe della Cisterna*, Torino, Collegio degli artigianelli, 1922.

A. LUZIO, *Antonio Salvotti e i processi del ventuno*, Roma, Società editrice Dante Alighieri, 1901.

Id., *Il processo Pellico-Maroncelli secondo gli atti officiali segreti*, Milano, Tipografia editrice L.F. Cogliati, 1903.

A. M. MAMBELLI GAVELLI, *Piero Maroncelli: una vita per la libertà e la giustizia*, Ravenna, Longo, 1990.

11

L. MARCHETTI, *Della religiosità di Silvio Pellico in alcune sue lettere inedite*, Estratto da Il Risorgimento, fascicolo 1, 1955, pp. 41-48 (Contiene sette lettere indirizzate a Giulio Caponago, scritte tra il 1835 e il 1847).

A.MARCHINI, *Ludovico Di Breme Arborio Gattinara (1780-1820) Grande letterato, poeta romantico e patriota*, Genova, KC Edizioni, 2010.

A. A. MOLA, *Silvio Pellico. Carbonaro, cristiano e profeta della nuova Europa*, Milano, Bompiani, 2005.

M. MONACO, *Clemente Solaro della Margherita: pensiero ed azione di un cattolico di fronte al Risorgimento*, Torino, Marietti, 1955.

E. ORLANDI, *Il teatro di Carlo Marenco*, Firenze, Le Monnier, 1900.

M. L. ORSINI LALLI, *Pietro Borsieri tra martiri e letterati*, Pescara, Edizioni Aternine, 1961.

G. B. PAGANI, *Il Rosmini e gli uomini del suo tempo*, Firenze, Libreria arcivescovile editrice (Tipografia G. Giannini), 1918.

C. L. PEDRAGLIO, *Silvio Pellico, Cenni biografici con un'appendice di documenti inediti*, Como, Omarini, 1904 (Contiene una lettera indirizzata allo scrittore torinese Stanislao Marchisio, datata 16 luglio 1819; una lettera indirizzata alla fidanzata, l'attrice Teresa (Gegia) Marchionni, datata 10 giugno [1820], due lettere, prive di data, indirizzate all'attrice Carlotta Marchionni; diciotto lettere indirizzate all'ex compagno di prigionia Piero Maroncelli, scritte tra il 1830 e il 1838; una lettera indirizzata ad Amalia Schneider, moglie di Piero Maroncelli, datata 23 settembre 1846; tre lettere indirizzate al libraio livornese Silvio Giannini).

I. RINIERI, *Della vita e delle opere di Silvio Pellico : da lettere e documenti inediti*, Torino, Libreria di Renzo Streglio,1898-1899, 3 voll. (Il primo volume contiene le lettere scritte dal Pellico durante gli anni milanesi. Queste lettere sono state pubblicate con tagli ed errori di trascrizione. L'edizione del Rinieri è stata sostituita dall'edizione critica curata da Mario Scotti. Il secondo volume contiene il carteggio Pellico-Gioberti oltre ad ampi stralci del diario di Giuseppina Pellico).

G. RUMI (A CURA), *Federico Confalonieri aristocratico progressista nel bicentenario della nascita, (1785-1985)*, Milano, Cariplo, 1987.

C. UGONI, *Vita e scritti di Giuseppe Pecchio*, Paris, Baudry, 1836.

A. VANNUCCI, *I martiri della libertà italiana dal 1794 al 1848. Sesta edizione con molte aggiunte e correzioni*, Milano, L. Bortolotti e C. Tipografi-Editori, 1878.

G. ZAVATTI, *Vita di Silvio Pellico e di Juliette Colbert marchesa di Barolo*, Milano, Simonelli, 2004.

Giulia di Barolo: l'impegno di una donna per le donne: mostra a cura di p. galli- m. julini- a. toppino, Torino, Biblioteche Civiche - Opera Barolo, 2002.

Un'edizione di inizio '900 de "Le mie prigioni",
accompagnata da un ritratto del Pellico,
basato sul dagherrotipo del 1841
(una delle poche foto esistenti dello scrittore,
conservata nella Biblioteca Civica di Saluzzo).

Edizioni dell'epistolario di Silvio Pellico:

A. ALEARDI, A. CESARI. S PELLICO, *Lettere estratte dalla raccolta di autografi posseduta dal signor Giovanni Soster di Valdagno,* Schio Tipografia Manin, 1881.
(Contiene una lettera di Silvio Pellico indirizzata al canonico Antonio Grippa datata 12 ottobre 1838).

M. BRIGNOLI, *Lettere inedite di Silvio Pellico in Saluzzo e Silvio Pellico nel 150. de "Le mie prigioni". Atti del Convegno di studio: Saluzzo, 30 ottobre 1983, a cura di a. a. mola,* Torino, Centro di studi piemontesi, 1984, pp. 43-73.
(Contiene ventuno lettere indirizzate a Giuseppina Pellico, sorella di Silvio, scritte tra il 1844 e il 1853; nove lettere indirizzate a Giulio Caponago, scritte tra il 1836 e il 1851; una lettera indirizzata al conte E. De Seguins-Vassieux, datata 19 settembre 1832; una lettera indirizzata al critico letterario dell'Antologia Giuseppe Montani, datata 19 febbraio 1833; una lettera indirizzata al conte torinese Cesare Balbo, datata 8 giugno 1833; una lettera indirizzata al padre domenicano Raimondo Feraudi, priva di data; una lettera indirizzata a mons. Filippo Artico, vescovo di Asti, datata 14 agosto 1843; una lettera indirizzata al conte Vincenzo Piccolomini, datata 20 dicembre 1844; una lettera indirizzata a J. A. Martigny, datata 25 giugno 1845; una lettera

indirizzata a Roberto Parenti, console del Re a Livorno, datata 1° gennaio 1848; una lettera indirizzata ad Emilia, priva di data).

D. CHIATTONE, *Una lettera di Silvio Pellico a Stanislao Marchisio* in Piccolo archivio storico dell'antico marchesato di Saluzzo, Annata I, Ristampa anastatica, Saluzzo, Editoriale Rosso, 1987.

Id., *Due lettere di Silvio Pellico* in Piccolo archivio storico dell'antico marchesato di Saluzzo, Annata I, Ristampa anastatica, Saluzzo, Editoriale Rosso, 1987.
(Contiene una lettera indirizzata al teologo Borel, datata 18 settembre 1848 ed una lettera indirizzata allo scrittore belga Léger Noel, datata 25 aprile 1839).

S. PELLICO, *Alcune lettere inedite, a cura di r. renier,* Torino, Officina Poligrafica Ed. Subalpina, 1911.
(Contiene venti lettere indirizzate al padre somasco Antonio Bottari, scritte tra il 1838 e il 1850).

Id., *Epistolario, raccolto e pubblicato a cura di g. stefani,* Firenze, Le Monnier, 1856.

Id., *Due lettere a Giuseppe Montani*, Firenze, Le Monnier, 1858.

Id., *Due lettere inedite, pubblicate a cura di f. martini*, Pescia, Tipografia Benedetti e Niccolai, 1921.

(Contiene una lettera indirizzata all'ex compagno di prigionia Alexandre Andryane, datata 4 novembre 1837 ed una lettera indirizzata allo scrittore Giovanni Sabbatini, datata 17 marzo 1850).

Id., *Due lettere inedite di Antonio Rosmini e di Silvio Pellico a Luigi Fornaciari*, Firenze, Tipografia Carnesecchi, 1847.

(Contiene una lettera di Silvio Pellico datata 15 febbraio 1847).

Id., *Cinque lettere, pubblicate da E. Rostagno*, Saluzzo, Tipografia Lobetti-Bodoni, 1905.

(Contiene due lettere indirizzate a Giampietro Vieusseux, datate rispettivamente 11 marzo 1833 e 23 aprile 1833; una lettera indirizzata all'attrice Angelica Armari Dalbono, datata 20 maggio 1833; una lettera indirizzata al marchese Cesare Campori, datata 14 agosto 1843 e una lettera indirizzata a Quirina Mocenni Magiotti, datata 1° gennaio 1845).

Id., *Lettera alla signora Quirina Magiotti (la donna gentile) del 12 maggio 1846*, pubblicata da D. Martelli, Firenze, [Le Monnier], 1892.

Id., *Lettere a Giorgio Briano: aggiuntevi alcune lettere ad altri e varie poesie*, Firenze, Le Monnier, 1861.
(Contiene cinquantotto lettere indirizzate allo scrittore Giorgio Briano; due lettere indirizzate ad Anna Briano, moglie di Giorgio; due lettere indirizzate a Felice Muletti, tre lettere indirizzate al marchese Roberto D'Azeglio; tre lettere indirizzate al conte Enrico Seyssel; due lettere indirizzate alla contessa Cristina Seyssel; sei lettere indirizzate a Giovanni Arrivabene, sette lettere indirizzate a M. Schmidt oltre alle cantiche: "Tasso e tre amici", "Tancredi", "Alla marchesa Giulia Colbert di Barolo", "L'allegria", "Prima Comunione").

Id., *Lettere alla donna gentile, pubblicate a cura di I. capineri - cipriani*, Roma, Società editrice Dante Alighieri, 1901.
(Contiene centoventidue lettere indirizzate a Quirina Mocenni Magiotti scritte tra il 1816 e il 1847 ed una lettera indirizzata ad Ernestina Martelli, nipote di Quirina, datata 24 ottobre 1849).

Id., *Lettere due edite da Giovanni Marziali in onore di Don Clemente Michetti per il cinquantesimo del suo sacerdozio*, Fermo, Tipografia Mecchi, 1872.

(Contiene una lettera datata 25 giugno 1845, il cui destinatario non è stato identificato ed una lettera, indirizzata al conte Serafino D'Altemps, priva di data).

Id., *Lettere famigliari inedite. Epistolario italiano, pubblicate dal sacerdote prof. C. Durando*, Torino, Tipografia Salesiana, 1876.

(Contiene sedici lettere indirizzate ad Onorato Pellico, padre di Silvio, centottanta lettere indirizzate a Luigi Pellico, fratello maggiore di Silvio, e centoventisette lettere indirizzate a Raimondo Feraudi).

Id., *Lettere famigliari inedite. Epistolario francese, pubblicate dal sacerdote prof. C. Durando*, Torino, Tipografia e Libreria Salesiana, 1878.

(Contiene tre lettere indirizzate a Margherita Tournier Pellico, madre di Silvio; una lettera indirizzata a Francesco Pellico, fratello minore di Silvio; cinquecento lettere indirizzate a Giuseppina Pellico; dodici lettere indirizzate alla marchesa Giulia Falletti di Barolo).

Id., *Lettere inedite, pubblicate a cura di L. Della Valle*, Modena, Tipografia dell'Immacolata Concezione, 1861.

(Contiene tre lettere indirizzate al sacerdote Paolo Bedoschi, parroco di Chiari in Lombardia, datate rispettivamente 21 marzo 1840, 31 dicembre 1840 e 6 settembre 1841, ed una lettera, priva di data, indirizzata a Giuseppina Pellico).

Id., *Lettere inedite, pubblicate da G. Claretta*, Firenze, Tipografia della Gazzetta D'Italia, 1879.

(Contiene quattordici lettere indirizzate al conte torinese Maurizio Biandrate scritte tra il 1833 e il 1835).

Id., *Lettere inedite a Carlo Muletti, pubblicate a cura del prof. F. Gabotto*, Saluzzo, Tipografia Bovo e Baccolo, 1901.

Id., *Lettere inedite al conte Andrea Gabrielli, pubblicate a cura di A. Mabellini*, Fano, Tipografia Letteraria, 1914.

Id., *Lettere inedite a Giovan Battista Carlo Giuliari*, Verona, Franchini, 1900.

Id., *Lettere inedite a suo fratello Luigi, pubblicate dal sacerdote C. Durando*, Torino, Tipografia e Libreria dell'Oratorio di S. Francesco di Sales, 1875

Id., *Lettere milanesi (1815-1821), a cura di M. Scotti*, Torino, Loescher - Chiantore, 1963.

Id., *Lettere scelte al padre Raimondo Feraudi, pubblicate dal sacerdote prof. C. Durando*, Torino, Tipografia Salesiana, 1880.

Id., *Mes Prisons. Des devoirs des hommes. Ildegarde. Lettres inédites. Traduction nouvelle par Madame Woillez*, Tours, Mame et C. Editeurs, 1846.
(Contiene due lettere indirizzate a "Madame de B.", indicata come "Madame la comtesse de Benevello" nell'edizione Stefani e 5 lettere indirizzate a "M. le comte de B." In queste lettere tutti i cognomi presentano la consonante iniziale seguita da tre asterischi).

Id., *Poesie e lettere inedite, pubblicate per cura della Biblioteca della Camera dei Deputati*, Roma, Tipografia della Camera dei Deputati, 1898.
(Contiene ventisei lettere indirizzate a Federico Confalonieri scritte tra il 1837 e il 1846 ed una lettera indirizzata alla contessa Sofia O' Ferral, seconda moglie di Federico Confalonieri, datata 20 dicembre 1846).

Id., *Tre lettere dirette al cav. Parenti, console di S.M. Sarda a Livorno, pubblicate da F. Barigazzi*, Firenze, Tipografia Landi, 1901.

Id., *Una lettera al cav. Lorenzo Mancini: pubblicata per la prima volta e dichiarata con note sull'autografo della Biblioteca Comunale di S. Gimignano*, Siena, Tipografia Ed. San Bernardino, 1900.

Id., *Una lettera inedita all'abate Giulio Cesare Parolari, pubblicata a cura di f. mazzini*, Siena, Tipografia San Bernardino, 1911.

Id., *Una lettera inedita*, Estratto da Il Buonarroti, 1885, serie III, Vol. II, Quaderno II, pp. 1-10.
(Contiene una lettera datata indirizzata all'incisore tedesco Karl Voigt che si era convertito al cattolicesimo dopo la lettura de Le mie prigioni).

Id., *Una lettera in occasione di matrimonio*, Roma, Tipografia della Camera Apostolica, 1858.

Id., *Un Te Deum inedito di Gaetano Donizetti e una lettera inedita di Silvio Pellico*, Bergamo, Officine dell'Istituto d'arti grafiche, 1907

Id., *Versi per il genetliaco della marchesa Giulia di Barolo preceduti da una lettera alla signora Nina Olivetti*, Firenze, Stabilimento Tipografico Pellas, 1890.

(Contiene una lettera, datata 25 luglio 1845, indirizzata alla poetessa fiorentina Nina Olivetti che aveva composto dei versi per il compleanno della marchesa di Barolo).

Id., *Lettere d'amore*, Torino, Carta e Penna, 20072

Id., *Lettere agli ex compagni di carcere. A cura di Cristina Contilli*, London, Lulu.com, 20102

Id., *Lettere al conte milanese Federico Confalonieri (1831-1846). A cura di Cristina Contilli*, London, Lulu.com, 2009.

Id., *Lettere alla poetessa fiorentina Nina Olivetti, Edizione critica a cura di Cristina Contilli*, London, lulu.com, 2009.

Id., *Lettere alla scrittrice fiorentina Quirina Mocenni Magiotti (1830-1847), Edizione critica a cura di Cristina Contilli*, London, Lulu.com, 2009.

Id., *Lettere al padre somasco Antonio Bottari, al vescovo di Asti mons. Filippo Artico e all'abate Antonio Rosmini*, London, Lulu.com, 2010.

Id., *Lettere d'amore all'attrice Teresa Marchionni. Edizione critica a cura di Cristina Contilli*, London, Lulu.com, 2010.

Id., *Lettere al fratello Luigi e agli scrittori piemontesi*, London, Lulu.com, 2010.

Id., *Lettere a Vincenzo Gioberti (1843-1845) A cura di Cristina Contilli*, Raleigh (Usa), Lulu.com, 2010.

Id., *Lettere al conte mantovano Giovanni Arrivabene (1838-1852)*, London, Lulu.com, 2010.

*La casa natale di Silvio Pellico
in una cartolina d'epoca.*

Libri di memorie ed epistolari di personaggi dell'Ottocento in cui sono contenute lettere di Silvio Pellico:

A. ANDRYANE, *Mémoires d'un prisonnier d'état au Spielberg*, Paris, Ladvocat, 1837-1838, 4 voll.

Id., *Memorie di un prigioniero di stato nello Spielberg, compagno di prigionia di Confalonieri e Silvio Pellico, unica traduzione italiana con l'aggiunta di documenti inediti e rari non compresi nell'originale francese, pubblicata con l'assenso dell'autore dal prof. Abate Francesco Regonati*, Milano, Libreria di Francesco San Vito, 1861, 4 voll.

G. ARRIVABENE, *Intorno ad un'epoca della mia vita, con l'aggiunta di sei lettere inedite di Silvio Pellico*, Torino, Unione Tipografico - Editrice, 1860.
(Contiene sei lettere indirizzate al conte Giovanni Arrivabene, datate rispettivamente 14 dicembre 1838, 14 febbraio 1839, 3 aprile 1843, 1° gennaio 1844, 4 maggio 1844, 17 novembre 1852).

F. CONFALONIERI, *Carteggio, pubblicato con annotazioni storiche a cura di G. Gallavresi*, Milano, Società per la storia del risorgimento italiano, 1910-1913, 3 voll.

(Contiene cinquanta lettere indirizzate da Silvio Pellico a Federico Confalonieri, scritte tra il 1819 e il 1846).

Id., *Memorie e lettere, a cura di G. Casati*, Milano, Hoepli, 1889-1890, 2 voll.

Id., *Memorie. Nuova edizione a cura di A. M. Orecchia*, Milano, LED, 2004.

L. DI BREME, *Lettere. A cura di P. Camporesi*, Torino, Einaudi, 1966.

(Contiene dieci lettere indirizzate da Silvio Pellico a Ludovico di Breme, scritte tra il 1815 e il 1820).

G. FALLETTI DI BAROLO, *Viaggio per l'Italia: Lettere d'amicizia a Silvio Pellico (1833-1834)*, Casale Monferrato, Piemme, 1994.

(Contiene in appendice il "Piccolo diario" di Silvio Pellico, scritto nell'estate del 1837).

V. GIOBERTI, *Epistolario, Edizione Nazionale a cura di g. gentile e g. balsamo crivelli*, Firenze, Vallecchi, 1927-1937, 12 voll.

(Contiene quattro lettere indirizzate da Silvio Pellico a Vincenzo Gioberti, scritte tra il 1843 e il 1845).

Un'edizione del 1868 delle "Opere complete" di Silvio Pellico con un ritratto diverso dal solito (un Pellico più in carne e senza occhiali) probabilmente tratto da una litografia dell'epoca.

Principali traduzioni de "Le mie prigioni":

S. PELLICO, *Mes prisons: suivies du discours sur les devoirs des hommes, traduction de M. Antoine de Latour*, Paris, Fasquellle, 1844.

Id., *Mes prisons, ou Memoires de Silvio Pellico; traduction nouvelle dediee a la jeunesse par M. l'Abbe Bourasse*, Tours, A. Mame et C.ie, 1857.

Id., *Mes prisons de Silvio Pellico; traduction de Francisque Reynard*, Paris, E. Flammarion, (1913).

Id., *Mes prisons: suivies du discours sur les devoirs des hommes de Silvio Pellico; traduction de M. Antoine de Latour*, Paris, Charpentier, 1843 (Paris: Typ. Lacrampe et Comp.).

Id., *Mes prisons de Silvio Pellico; traduction nouvelle par Francisque Reynard; dessins de Bramtot graves par Toussaint*, Paris, Librairie des bibliophiles, 1887.

Id., *Mes prisons et Des devoirs de Silvio Pellico; traduits par P. L. Lezaud; avec les notes de Maroncelli; la vie de Silvio Pellico par la meme; et une notice par M. Saint-Marc Girardin*, Paris, Librairie de Firmin Didot freres, fils et c.ie, 1866.

Id., *Mes prisons; suivi des Devoirs des hommes de Silvio Pellico; traduction nouvelle par le comte H. De Messey; revue par le vicomte Alban de Villeneuve-Bargemont; precedes d'une notice historique et litteraire sur Silvio Pellico et ses ouvrages par m. V. Philippon de la Madelaine*, Paris, Garnier, 1872.

Id., *Mes prisons: memoires de Silvio Pellico de Saluces; traduits de l'italien par m. Leger Noel*, Paris, Societe productive des bons livres, 1837.

Id., *Mes prisons; notice et notes par P. Ladoue*, Paris, Hatier, 1942.

Id., *Mes prisons / par Silvio Pellico; traduit de l'italien par N. Theil*, Paris, Lebigre, 1836.
Id., *Mes prisons / Silvio Pellico; traduction nouvelle par Henry van Looy*, Tournai-Paris, Casterman, dopo il 1854 (Tournai : etablissements Casterman).

Id., *Mes prisons; suivi Des devoirs des hommes par Silvio Pellico ; traduction nouvelle par le comte H. De Messey; revue par le vicomte Alban De Villeneuve; avec notice biographique et litteraire sur Silvio Pellico et ses ouvrages par m. v. Philipon De la Madelaine*, Paris, H.L. Delloye: Garnier freres, 1844.

31

Id., *Mes prisons par Silvio Pellico; traduit de l'italien par N. Theil*, Paris, chez Lebigre freres; Limoges, chez Martial Ardant, 1837.

Id., *Mes prisons de Silvio Pellico; avec des notes de Pietro Maroncelli; traduites de l'italien par A. R. Bouzenot; avec une vignette dessinee par Foussereau et gravee sur bois par Thompson*, Paris, L. Curmer, 1835.

Id., *Mes prisons: memoires de Silvio Pellico; traduction nouvelle; vignettes par J. Coomans*, Bruxelles, Societe dis Beauxaris, 1839.

Id., *My prisons: memoirs of Silvio Pellico*, Cambridge, Folsom, 1836.

Id., *Mis prisiones: memorias de Silvio Pellico natural de Saluzo, traducidas del italiano por D. A. Rotondo; precedidas de una introduccion biografica y aumentadas con notas de d. P. Maroncelli*, Madrid, Libreria extrangera de Denne y C., 1838.

Id., *Mis prisiones: memorias de Silvio Pellico; traducidas al castellano por D. J. Sanchez; con un resumen biografico y literario del autor*, Madrid, Imprenta del Olivo, 1845.

Id., *Mijne gevangenschap; gedenkschriften van Silvio Pellico; uit het oorspronkelijk italiaansch door H.O.; met eene voorrede van Dr. Jan-J. F. Wap*, Breda, F. P. Sterk, 1839.

Id., *Silvio Pellico's von Saluzzo Sammtliche Werke in einem Bande aus dem Italienischen von Dr. K.L. Kannegiesser und Hieronymus Muller*, Zwickau, verlag der Gebruder Schumann, 1835.

Id., *Mes prisons: suivi Des devoirs des hommes Silvio Pellico; traduction nouvelle par le comte H. De Messey; revue par le vicomte Alban De Villeneuve; avec une notice biographique et litteraire sur Silvio Pellico et ses ouvrages par M. V. Philipon De La Madelaine*, Paris: Garnier freres, 1877.

Id., *Mes prisons de Silvio Pellico; traduction de Francisque Reynard*, Paris, E. Flammarion, 1929.

Id. *Mes prisons: memoires de Silvio Pellico, traduit par C. Dalause*, Paris, C.Nimont, 1833.

Id. *Mes prisons: memoires de Silvio Pellico, traduit da l'italien par G. l. Bayle*, Paris, Ebrard, 1839.

Id., *Menniskans pligter   af Silvio Pellico; ofversattning fran Italienskan af Carl August Bagge,*   Stockholm, tryckte hos Johan Horberg, 1836.

Id., *My Imprisonments; Memoirs of Silvio Pellico Da Saluzzo,* (London), Whittaker and Co.Publication, 1835.

Id., *Mine Faengsler: memoirer af Silvio Pellico fra Saluzzo; Oversatte fra Italienst af Volkmar Busch,*   Kjobenhaun, C.U. Keissel, 1843.

Id., *Menniskans pligter   af Silvio Pellico; ofversattning fran Italienskan af Carl August Bagge,*   Stockholm, tryckte hos Johan Horberg, 1836.

Id., *As minhas prisoes: memorias de Silvio Pellico,* Coimbra, Imprensa de Teovao & C., 1841.

Id., *My imprisonment: memoirs of Silvio Pellico da Salluzzo, translated from the italian by Thomas Roscoe,* London, Cassel & C., 1886.

Id., *My Ten Years' Imprisonment* (Amazon digital service, kindle edition), 2010.

34

La tragedia "Eufemio da Messina" nell'edizione del 1820 stampata da Ferrario (che era anche l'editore del Conciliatore) a Milano.
La censura austriaca permise la stampa, ma non la rappresentazione della tragedia, Pellico fece ricorso contro questa decisione, ma la sua richiesta non venne accolta e tutti i documenti che riguardano la vicenda sono ancora oggi conservati presso l'archivio di stato di Milano.

Traduzioni principali delle altre opere:

S. PELLICO, *The duties of men by Silvio Pellico; translated from the italian by Thomas Roscoe*, Paris, Thieriot, Bookseller and Publisher, 1837.

Id., *Francoise de Rimini: tragedie de Silvio Pellico; traduite en francais par I. Vannoni*, Arles, Typographie de D. Garcin, 1839.

Id., *Des devoirs des hommes par Silvio Pellico; traduction nouvelle par M.mes Woillex et d'Holossy; precedee de la vie de l'auteur*, Bruxelles, chez tous les libraires, 1843.

Id., *Nouvelles et chants historiques par Silvio Pellico*, Bruxelles, tous les libraires, 1844.

Id., *Des devoirs des hommes par Silvio Pellico; traduction nouvelle par J. Depoisier*, Paris, J. Delalain, 1847.

Opere minori e componimenti d'occasione:

S. PELLICO, *Eugilde della Roccia*, Torino, Stamperia Reale, 1834.

Id., *Trois nouvelles piémontaises par Silvio Pellico; le comte De *** et M. De ***,* Paris, Ladvocat, 1835 (contiene tre racconti ambientati nel Piemonte del medioevo, Pellico pubblicò in questa raccolta una versione in prosa della sua Eugilde, gli altri due autori erano il conte Balbo e il marchese De Barante).

Id., *Il Sacro monte di Varallo: carme,* Varallo, coi tipi di Teresa Rachetti ved. Caligaris, 1836.

Id., *Il voto a Maria,* Torino: Tipografia eredi Botta, 1836 (in occasione dell'epidemia di colera del 1835 la città di Torino era stata consacrata alla Madonna e Pellico aveva scritto una poesia su questa vicenda anche perché dopo il voto si era in breve tempo esaurita l'epidemia).

Id. *Poésies catholiques de Silvio Pellico / traduites par C. Rossignol,* Lyon, chez Pélagaud et Lesne, 1838.

Id., *Un'ottava che inizia con i versi "Il pudor, mammoletta, che ti copre"* in *Giornale letterario e scientifico modenese*, volume 2 del 1840.

Id., *Due ottave senza titolo* in *Strenna Genovese a cura di Giacomo Cevasco*, Genova, 1841

Id., *Per l'opera della propagazione della fede. Inni di Silvio Pellico*, [Torino], Dalla stamperia Racca ed Enrici, 1841 (Contiene gli inni P*er l'invenzione di Santa Croce; Per la festa di San Francesco Saverio protettore dell'opera*).

Id., *Ai reali sposi: omaggio della città di Torino*, Torino: Tipografia eredi Botta, 1842 (i reali sposi sono Vittorio Emanuele II e la prima moglie).

Id., *Canto funebre in morte dell'arciduchessa Maria Carolina sorella della duchessa di Savoia Maria Adelaide / commento in una lezione di eloquenza da Guglielmo Audisio*, Torino : Stamperia sociale degli artisti tipografi, 1844

Id., *Tasso e tre amici, Cantica. In Festa sec. della Nascita di T. Tasso*, Torino, Marietti, 1844, p. 12-27.

Id. *Poesia inedita, Sulla p. [7] fac-simile del carattere della poesia 'Augurio' il cui autografo si conserva in Roma presso Giovanni Torlonia*, Roma, [s.n.], 1845.

Poesie, romanzi e tragedie pubblicate postume

S. PELLICO, *Adelaide o la fanciulla muta*, (cantica composta intorno al 1840-1850), *Adella* (tragedia), *Boezio* (tragedia, composta nel 1831), *Laodamia* (tragedia, composta nel 1813), *Turno* (tragedia, composta nel 1813) contenute in I. RINIERI *Della vita e delle opere di Silvio Pellico, Terzo volume*, Torno, Libreria di Renzo Streglio, 1901.

Id., *Cola di Rienzo (romanzo storico composto tra il 1817 e il 1820)*, in S. PELLICO, *Lettere milanesi*, a cura di M. SCOTTI, Torino, Loescher-Chiantore, 1963.

Id., *In morte di Napoleone* in *Rivista nazionale contemporanea italiana*, volume 8 del 1856.

Id., *Le educatrici infantili* in *Il fiore strenna poetica per l'anno 1855* (si tratta di un poemetto che si riferisce senza dubbio alle suore dell'asilo per bambini poveri ospitato a palazzo Barolo di cui Silvio Pellico era responsabile.)

Id., Raffaella (romanzo storico, composto probabilmente nell'inverno 1830-1831), Torino, Collegio degli artigianelli, tip. e libreria, 1877.

Id., *Un'ottava inedita che inizia con i versi Vuoi tu l'ama aver contenta* pubblicata in *Revue contemporaine* del 1854 ((il testo si trova all'interno di un articolo che ricostruisce la vita del Pellico, citando molte lettere indirizzate dallo scrittore all'amico Gian Gioseffo Boglino, allora ancora inedite, la prima edizione dell'epistolario del Pellico uscirà, infatti, due anni dopo, questa ricostruzione della biografia del Pellico uscì in tre puntate sulla rivista ed è firmata M. Marchese, un giornalista che non sono riuscita ad identificare, ma che doveva avere dei contatti diretti con alcuni amici del Pellico sia per le numerose lettere che riporta sia per gli aneddoti che racconta).

APPENDICE: Sulle tracce della poetessa Mary Louise Boyle, amica ed ammiratrice dell'opera di Silvio Pellico.

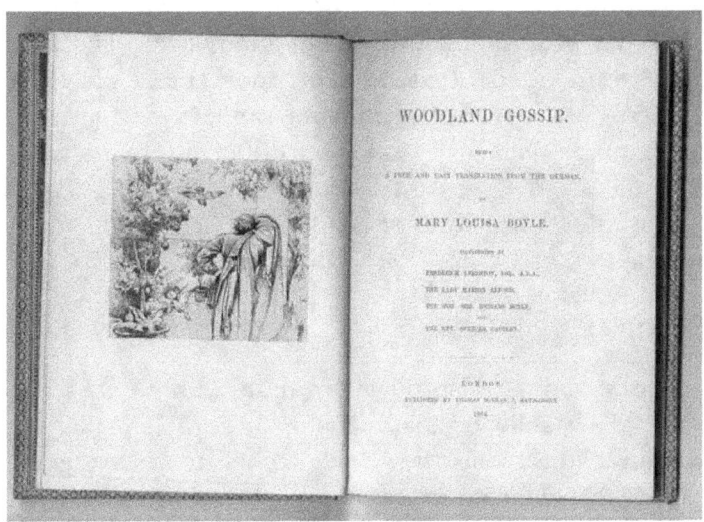

Una pubblicazione della poetessa e narratrice inglese Mary Louise Boyle.

Nell'edizione del 1856 dell'epistolario di Silvio Pellico è contenuta un'epistola in versi scritta dalla poetessa inglese Luigia Boyle in cui l'autrice esprime tutta la sua ammirazione per l'opera del Pellico, ma anche per il modo in cui ha affrontato le sofferenze carcere ed è stato, poi, capace di raccontarle senza rancore nel proprio libro di Memorie, ma chi era Maria Luigia Boyle?

Dopo aver riportato il suo nome dalla forma italianizzata a quella inglese, sono andata a cercare le sue tracce nell'opac, ma soprattutto attraverso la funzione libri di google e così credo di aver scoperto alcune notizie interessanti che possono aggiungere un piccolo tassello alla conoscenza della biografia del Pellico, ma soprattutto dei suoi rapporti con gli scrittori contemporanei. Pellico è stato nell'800 l'autore italiano più tradotto all'estero e spesso ha avuto un rapporto epistolare, a volte sporadico, altre volte protratto nel tempo (come nel caso di Antoine De Latour) con i propri traduttori.

La scrittrice Mary Louise Boyle era nata, dunque, nel 1810 in una famiglia nobile e agiata, visto che era la figlia minore dell'ammiraglio Sir Courtney Boyle e che una delle sue sorelle era dama di compagnia della regina. Appare nelle riviste letterarie dell'epoca come autrice di poesie, ma anche di racconti, oltre a risultare come corrispondente negli epistolari degli scrittori Wilkie Collins, Elizabeth e Robert Browning e di Charles Dickens.

E uno dei suoi racconti ambientato nella Francia del periodo napoleonico (corrispondente parzialmente al periodo regency inglese) risulta recensito positivamente da Edgar Allan Poe in una pubblicazione del 1837.

La Boyle è stata, dunque, un'autrice vissuta nell'Inghilterra del periodo vittoriano, conosciuta per i suoi racconti e le sue cronache mondane (come quelle contenute nel libro "Woodland gossip" di cui ho riportato una foto del frontespizio) e in contatto epistolare con alcuni tra i maggiori autori inglesi contemporanei, in particolare Dickens che l'aveva conosciuta nel 1849 ammirava la sue capacità di "amateur actress and was delighted by her performances in his theatricals" a sembra dal tono delle lettere che si scambiarono all'epoca che tra loro ci sia stato qualcosa in più di un rapporto di collaborazione letteraria e di amicizia.

Mary Louise Boyle (1810-1890)

(da radaris.com)

Alcuni stralci da riviste ed epistolari dell'800 che contengono notizie utili per ricostruire vita e carriera letteraria della Boyle:

Revue de littérature comparée: Volume 13

Paul Hazard, Fernand Baldensperger - 1933 - Visualizzazione snippet

Plus tard, Marie-Louise Boyle adresse des vers fervents à Silvio Pellico, et celui-ci se plaît à les traduire en prose italienne; par quatre strophes de sa composition, il remercie l'inconnue de cette « rose sauvage d'Angleterre » dont...

The Academy: Volume 37

1890 - Visualizzazione snippet

MARY LOUISA BOYLE. Miss Mary Louisa Boyle died at Oakley-street, Chelsea, on April 7, age 79. She was the younger daughter of Vice-Admiral Sir Courtenay Boyle, and her eldest sister was Maid of Honour to Queen Adelaide...

The Library

Sir John Young Walker MacAlister, Alfred William Pollard, Ronald Brunlees McKerrow - 1974 - Visualizzazione snippet

Mary Louise Boyle's Biographical notices of the portraits at

Hinchbrook (1876) may be cited as a well-designed and executed work printed but not published by the press. She is also the author of perhaps the most curious of all its ...

Notes and queries

1890 - Visualizzazione snippet

Miss Mary Louisa Boyle's poems are not published in book form. She has, however, published the following works : — The Bridal of Melcha. 1844. The Forester. A Tale of 1688. 1839. The State Prisoner. A Tale of the French Regency. ...

The letters of Elizabeth Barrett Browning to Mary Russell Mitford, ...: Volume 3

Elizabeth Barrett Browning, Mary Russell Mitford - 1983 - 496 pagine - Visualizzazione snippet

Mary Louisa Boyle (1810-90), novelist and poet, wrote The State Prisoner (1837), The Forester (1839), and The Bridal of Melcha: A Dramatic Sketch (1844). Her uncle Edmund (1767-1 856) was eighth Earl of Cork and Orrery. ...

Selected letters of Charles Dickens

Charles Dickens, David Paroissien - 1985 - 377 pagine - Visualizzazione snippet

Mary Louisa Boyle (1810-90), writer. Dickens met Miss Boyle in 1849; he admired her as an amateur actress and was delighted by her performances in his theatricals. This letter typifies the mock flirtation he carried on with her...

The Ladies' companion: Volumi 8-9

Edgar Allan Poe - 1837 - Visualizzazione snippet

It is a tale of the French regency, written hy Mary Louisa Boyle. The genuine history of Dumont, the state prisoner, his appearance, manners, character and his confinement at Bordeaux, are all derived from information which fell...

The metropolitan: Volume 25 - Pagina 118

1839 - Consultazione completa

By Mary Louisa Boyle. These volumes will be acceptable to the admirers of Mr. James, for they very much resemble that author's popular novels. The loves and adventures of Mistress Mary Savile and Lord Fleming are pretty and interesting...

The Letters of Wilkie Collins: 1838-1865 - Pagina 158

Wilkie Collins, William Baker, William Malpas Clarke - 1999 - 315 pagine - Anteprima

47

See Dickens, Letters, VII, 257, n.1. 3. Marguerite Power (1815-1867), writer, and Ellen, her younger sister. See ibid., VIII, 84 no.8. 4. **Mary Louise Boyle (1810-1890), writer.**

Mary Louise Boyle
(in una foto rintracciata
sul mercato antiquario)

AVENDO CONTRIBUITO AL MIGLIORAMENTO DELLA VOCE DI WIKIPEDIA DEDICATA A SILVIO PELLICO RIPORTO LA VOCE COSI' COME APPARE ATTUALMENTE COMPRESA LA RELATIVA PAGINA DI DISCUSSIONE:

Silvio Pellico
Da Wikipedia, l'enciclopedia libera.
Vai a: navigazione, ricerca
« Chi mente, se anche non scoperto, ha la punizione in sé medesimo; egli sente che tradisce un dovere e si degrada. »
(Silvio Pellico, da Dei doveri degli uomini.)

Silvio Pellico

Silvio Pellico (Saluzzo, 25 giugno 1789 – Torino, 31 gennaio 1854) è stato uno scrittore, poeta e patriota italiano, noto soprattutto come autore di Le mie prigioni.

Indice

Biografia[modifica | modifica sorgente]

Vita pubblica[modifica | modifica sorgente]

Nasce il 25 giugno[1] 1789 a Saluzzo, cittadina attualmente in provincia di Cuneo, dal piemontese Onorato Pellico e dalla savoiarda Margherita Tournier. Sia Silvio che i quattro fratelli ricevono un'educazione cattolica. Dopo gli studi a Pinerolo e a Torino, Silvio si reca in Francia, a Lione, per fare pratica nel settore commerciale con lo zio. Al rientro in Italia, nel 1809, si stabilisce con la famiglia a Milano; qui trova lavoro come insegnante di francese presso il Collegio Militare. Giovane entusiasta della poesia neoclassica, frequenta Vincenzo Monti e Ugo Foscolo legando in particolare con quest'ultimo. Comincia allora a scrivere, specialmente per il teatro, tragedie in versi di impianto classico, come Laodamia (1813) ed Eufemio di Messina. Nello stesso periodo è precettore del piccolo Odoardo Briche, il quale si suiciderà nel 1817 con una fucilata[senza fonte]. Alla caduta del regime napoleonico (1814) perde la cattedra di francese.

L'arresto di Pellico e di Maroncelli

Il 18 agosto 1815 a Milano viene rappresentata la sua tragedia Francesca da Rimini[2]. La tragedia reinterpreta l'episodio dantesco alla luce delle influenze romantiche e risorgimentali del periodo lombardo. Dato che i compensi di casa Briche non bastano per il suo sostentamento, Pellico cerca occupazione in un'altra famiglia nobile. Nel 1816 si trasferisce a Magenta, nella casa del conte Porro Lambertenghi, dove assume l'incarico di istitutore dei figli Domenico (Mimino) e Giulio Porro Lambertenghi. Stringe relazioni con personaggi della cultura europea, come Madame de Stael e Friedrich von Schlegel, e italiana, come Federico Confalonieri[3], Gian Domenico Romagnosi e Giovanni Berchet. In questi circoli venivano sviluppate idee tendenzialmente risorgimentali, rivolte alla possibilità di indipendenza nazionale: in questo clima, nel 1818 viene fondata la rivista Il Conciliatore, di cui Pellico è redattore e direttore.

Sentenza di condono della pena di morte per Pellico e Maroncelli, 1822, Museo del Risorgimento di Milano
Pellico e gran parte degli amici facevano parte della setta segreta dei cosiddetti "Federati". Scoperti dalla polizia austriaca che era riuscita ad intercettare alcune lettere

51

compromettenti di Maroncelli, il 13 ottobre 1820, Pellico, lo stesso Piero Maroncelli, Melchiorre Gioia e altri vennero arrestati. Da Milano furono condotti alla prigione dei Piombi di Venezia, dove rimasero dal 20 febbraio 1821. Qui, il 21 febbraio 1822 venne letta la sentenza del celebre Processo Maroncelli-Pellico. Gli imputati furono condannati alla pena di morte. Per entrambi, però, la pena fu commutata: venti anni di carcere duro per Maroncelli, quindici per Pellico. A fine marzo i condannati vennero condotti nella fortezza austriaca di Spielberg. Partiti la notte fra il 25 ed il 26 marzo, attraverso Udine e Lubiana giunsero alla prigione, situata a Brno in Moravia.

Pellico visse in carcere per dieci lunghi anni. La dura esperienza carceraria costituì il soggetto del libro di memorie Le mie prigioni, che ebbe grande popolarità ed esercitò notevole influenza sul movimento risorgimentale. Metternich ammise che il libro danneggiò l'Austria più di una battaglia perduta.[senza fonte] Il Pellico scrisse anche le Memorie dopo la scarcerazione, testo andato perduto.

Dopo il ritorno alla libertà (1830) Silvio Pellico pubblicò altre tragedie: Gismonda da Mendrisio, Leoniero, Erodiade, Tommaso Moro e Corradino. Pubblicò anche il libro morale I doveri degli uomini (1834) e Poesie di genere romantico.

In procinto di emigrare per l'ostracismo di chi vedeva in lui un carbonaro, fu presentato ai marchesi di Barolo da Cesare Balbo. Venne assunto come segretario e bibliotecario di Giulia Colbert Faletti e rimase a Palazzo Barolo fino alla morte. Travagliato da problemi familiari e fisici, negli ultimi anni della sua vita interruppe la produzione letteraria.

Silvio Pellico morì il 31 gennaio 1854. È sepolto nel Cimitero monumentale di Torino (Campo primitivo Ovest, edicola n. 266).

Vita sentimentale[modifica | modifica sorgente]

Silvio Pellico ebbe due storie d'amore importanti nella sua vita[4].

La prima fu con l'attrice Teresa (Gegia) Marchionni. La relazione, contrastata dalla famiglia di Pellico (che non voleva

vederlo unito ad un'attrice) e sofferta (perché all'inizio non ricambiata), si concluse bruscamente nell'ottobre del 1820 a causa dell'arresto dello scrittore[5].
La seconda fu con la nobildonna Cristina Archinto Trivulzio. Pellico si innamorò della Trivulzio nell'estate del 1819. Ma la sua amata sposò nel novembre dello stesso anno il conte milanese Giuseppe Archinto[6]. I due innamorati si rividero solamente nel 1836[7], ma dovettero passare altri 11 anni prima di ritrovarsi definitivamente.
Religiosità[modifica | modifica sorgente]
Durante la prigionia nel carcere dello Spielberg (1820-1830) iniziò per Silvio Pellico un periodo di profonda riflessione personale che lo portò a riabbracciare la fede cristiana che aveva abbandonato durante la giovinezza.
Un compagno di prigionia, il conte Antonio Fortunato Oroboni[8] lo avvicinò nella fede religiosa.
« "E se, per accidente poco sperabile, ritornassimo nella società" diceva Oroboni "saremmo noi così pusillanimi da non confessare il Vangelo? da prenderci soggezione, se alcuno immaginerà che la prigione abbia indebolito i nostri animi, e che per imbecillità siamo divenuti più fermi nella credenza?" "Oroboni mio" gli dissi "la tua dimanda mi svela la tua risposta, e questa è anche la mia. La somma delle viltà è d'esser schiavo de' giudizi altrui, quando hassi la persuasione che sono falsi. Non credo che tal viltà né tu né io l'avremmo mai. »
(Silvio Pellico, Le mie prigioni, cap. LXX.)
Durante i lunghi dieci anni di prigionia, il Pellico partecipò regolarmente alla messa domenicale. Dal carcere scrisse al padre nel 1822: Tutti i mali mi sono diventati leggeri dacché ho acquistato qui il massimo dei beni, la religione, che il turbine del mondo m'aveva quasi rapito[9].
Pellico ringraziò la Provvidenza dedicandole le ultime righe de Le mie prigioni:
« "Ah! delle mie passate sciagure e della contentezza presente, come di tutto il bene e il male che mi sarà ancora serbato, sia benedetta la Provvidenza, della quale gli uomini e le cose, si

voglia o non si voglia, sono mirabili stromenti [sic] ch'ella sa adoprare a fini degni di sé. »
(Silvio Pellico, Le mie prigioni, cap. IC.)
Tornato in libertà, fu assunto dai marchesi di Barolo (Torino), Carlo Tancredi Falletti e Giulia Colbert[10], collaborando alle loro attività benefiche e religiose. Nel 1851 Pellico e Giulia Colbert Faletti entrarono nel laicato francescano come terziari.

Intitolazioni[modifica | modifica sorgente]

Silvio Pellico è il nome di una piccola località di 1500 abitanti in Argentina, nel dipartimento di San Martino, nel sud-est della provincia di Cordoba fondata nel 1894 da emigranti originari di Saluzzo[11].

A Fiume (oggi Croazia), in Via dei gelsi, fino alla fine della II Guerra mondiale a Silvio Pellico era intestata una scuola elementare. Con il passaggio della sovranità sulla città alle autorità slave all'istituto venne cambiato nome: Moše Albahari e poi Podmurvice (letteralmente sotto i gelsi).

Molte istituzioni portano il nome di Silvio Pellico, ispirate dall'amore per la patria e la fede che caratterizzò la vita dello scrittore. Tra esse, l'istituto professionale per il commercio di Saluzzo (CN), una scuola media a La Spezia, la scuola media di Chioggia (VE), una scuola elementare a Udine e a Pachino (SR), un liceo classico a Cuneo ed anche alcuni teatri, come quello di Trieste. A Imola e Lugo (nella Diocesi di Imola) i due circoli cattolici sono intitolati alla memoria di Silvio Pellico.

La via che circonda la collina su cui sorge la fortezza dello Spielberg, a Brno, si chiama Pellicova, in onore di Silvio Pellico.[12]

Bibliografia[modifica | modifica sorgente]

Opere[modifica | modifica sorgente]

Edizioni originali[modifica | modifica sorgente]

in italiano

Eufemio di Messina tragedia di Silvio Pellico, Milano, Tip. di Vincenzo Ferrario, 1820.

Opere di Silvio Pellico da Saluzzo, Bologna, Tipografia delle Muse nel Mercato di Mezzo, 1821.

Opere di Silvio Pellico, Parigi, dai torchi di Amedeo Gratiot, presso Thiériot libraio, 1841.

Cantiche, Bologna, Presso il Nobili e Comp., 1831.

Le mie prigioni: memorie di Silvio Pellico da Saluzzo, Torino, Giuseppe Bocca, 1832.

Traduzioni francesi: Mes prisons: memoires de Silvio Pellico de Saluces, traduits de l'italien et precedes d'une introduction biographique par A. De Latour, ed. ornee du portrait de l'auteur et augmentee de notes historiques par P. Maroncelli, Paris, H. Fournier jeune, 1833. - Mes prisons: memoires de Silvio Pellico, traduction nouvelle, Bruxelles, Societé dis Beauxaris, 1839.

Traduzioni inglesi: My prisons: memoirs of Silvio Pellico, Cambridge, Folsom, 1836. - My imprisonment: memoirs of Silvio Pellico da Saluzzo, translated from the italian by Thomas Roscoe, Paris, Thieriot, 1837.

Traduzione spagnola: Mis prisiones: memorias de Silvio Pellico natural de Saluzo, traducidas del italiano por D. A. Rotondo, precedidas de una introduccion biografica y aumentadas con notas de d. P. Maroncelli, 2ª ed., Madrid, Libreria extrangera de Denne y C., 1838.

Alle mie prigioni di Silvio Pellico addizioni di Piero Maroncelli, Parigi, Baudry Libreria Europea, 1833.

Tommaso Moro: tragedia di Silvio Pellico da Saluzzo, Torino, Giuseppe Bocca, 1833.

Dei doveri degli uomini: discorso ad un giovane di Silvio Pellico da Saluzzo, Torino, Giuseppe Bocca - A spese dell'Autore, 1834.[13]

Eugilde della Roccia, Torino, Stamperia Reale, 1834.

Il voto a Maria, Torino: Tipografia eredi Botta, 1836[14].

Il Sacro monte di Varallo: carme, Varallo, coi tipi di Teresa Rachetti ved. Caligaris, 1836.

Poesie inedite di Silvio Pellico da Saluzzo, Parigi, Presso Baudry Libreria Europea (dalla stamperia di Crapelet), 1837.

Per l'opera della propagazione della fede. Inni di Silvio Pellico, [Torino], Dalla stamperia Racca ed Enrici, 1841[15]

Ai reali sposi: omaggio della città di Torino, Torino: Tipografia eredi Botta, 1842 (i reali sposi sono Vittorio Emanuele II e la prima moglie).

Canto funebre in morte dell'arciduchessa Maria Carolina sorella della duchessa di Savoia Maria Adelaide, commento in una lezione di eloquenza da Guglielmo Audisio, Torino: Stamperia sociale degli artisti tipografi, 1844

Poesia inedita, Sulla p. [7] fac-simile del carattere della poesia 'Augurio' il cui autografo si conserva in Roma presso Giovanni Torlonia, Roma, [s.n.], 1845.

Morale e letteratura. Scritti di Silvio Pellico e di Giuseppe Baretti, Padova, A. Sicca e figlio, 1848.

Opere complete di Silvio Pellico da Saluzzo, nuova ed. diligentemente corretta, Firenze, Le Monnier, 1852.

Notizie intorno alla beata Panasia pastorella valsesiana nativa di Quarona raccolte e scritte da Silvio Pellico, Torino, P. De Agostini, 1854 ("Collezione di buoni libri a favore della cattolica religione").

Epistolario di Silvio Pellico, raccolto e pubblicato per cura di Guglielmo Stefani, Firenze, Le Monnier, 1856.

Traduzione francese Lettres de Silvio Pellico, recueillies et mises en ordre par m. Guillaume Stefani, traduites et précédées d'une introduction par m. Antoine de Latour, 2ª ed., Paris, E. Dentu, 1857.

in francese

Trois nouvelles piémontaises par Silvio Pellico; le comte De *** et M. De ***, Paris, Ladvocat, 1835 (contiene tre racconti ambientati nel Piemonte del medioevo, Pellico pubblicò in questa raccolta una versione in prosa della sua Eugilde, gli altri due autori erano il conte Balbo e il marchese De Barante).

Poésies catholiques de Silvio Pellico, traduites par C. Rossignol, Lyon, chez Pélagaud et Lesne, 1838.

Edizioni postume e moderne[modifica | modifica sorgente]

Adelaide o la fanciulla muta, cantica[16]

Adella, tragedia[17]

Un'ottava inedita che inizia con i versi Vuoi tu l'ama aver contenta pubblicata nella Revue contemporaine del 1854[18]

Le educatrici infantili in «Il fiore», strenna poetica per l'anno 1855[19]

In morte di Napoleone in Rivista nazionale contemporanea italiana, volume 8 del 1856.

Epistolario, raccolto e pubblicato per cura di Guglielmo Stefani, 1ª ed. napoletana, Napoli, Tommaso Guerrero, 1857.

Raffaella (romanzo storico, composto probabilmente nell'inverno 1830-1831), Torino, Collegio degli artigianelli, tip. e libreria, 1877.

Pensieri religiosi e morali, raccolti dalle sue lettere dal prof. Luigi Fabiani, Napoli, Tip. Napoletana, 1897.

Prose e tragedie, scelte con proemio di Francesco D'Ovidio, Milano, Ulrico Hoepli, 1898.

Lettere alla donna gentile, pubblicate a cura di Laudomia Capineri-Cipriani, Roma, Società editrice Dante Alighieri, 1901.

Laodamia, tragedia (composta nel 1813), Turno, tragedia (composta nel 1813), Boezio, tragedia (composta nel 1831). Le tre opere furono pubblicate in I. Rinieri Della vita e delle opere di Silvio Pellico, Terzo volume, Torno, Libreria di Renzo Streglio, 1901.

Cola di Rienzo (romanzo storico composto tra il 1817 e il 1820), in S. Pellico, Lettere milanesi, a cura di M. Scotti, Torino, Loescher-Chiantore, 1963.

Lettere milanesi (1815-21), a cura di Mario Scotti, Torino, Loescher-Chiantore, 1963 (Supplemento al "Giornale storico della letteratura italiana").

Breve soggiorno in Milano di Battistino Barometro, cura di Mario Ricciardi; con una appendice di articoli dal "Conciliatore", Napoli, Guida, 1983.

Giulia di Barolo, Viaggio per l'Italia: lettere d'amicizia a Silvio Pellico (1833-1834) - Silvio Pellico, Piccolo diario, Casale Monferrato, Piemme, 1994.

Vita della beata Panacea, con note storico-critiche a cura di Mario Perotti, Novara, Interlinea, 1994.

Opere derivate[modifica | modifica sorgente]
Le mie prigioni, sceneggiato televisivo RAI del 1968 diretto da Sandro Bolchi
Manoscritti[modifica | modifica sorgente]
Saluzzo, Biblioteca Civica.
Le mie prigioni: memorie di Silvio Pellico da Saluzzo, a cura di Aldo A. Mola, introduzione di Giovanni Rabbia, manoscritto fotografato da Giancarlo Durante, Saluzzo, Fondazione Cassa di risparmio di Saluzzo (stampa: Foggia, Bastogi) 2004.
Alessandra Ferlenga, Un originale di Silvio Pellico nell'Archivio Storico di Busalla [Memoria di Silvio Pellico al cav. Cibrario per la Storia di Torino], Alta Valle Scrivia.
Cristina Contilli, Silvio Pellico: lettere inedite (1830-1853), tesi di dottorato, Università degli Studi di Macerata, discussa il primo marzo 2006.
Studi e contributi critici[modifica | modifica sorgente]
Aleksandr Sergeevič Puškin, Su "I doveri degli uomini" di Silvio Pellico, l'articolo apparve sul Sovremennik nel 1836[20]
Pietro Giuria, Silvio Pellico e il suo tempo: considerazioni corredate da molte lettere inedite, poesie ed opinioni dello stesso Pellico, Voghera, Tip. di Giuseppe Gatti, 1854.
Alessandro Luzio, Il processo Pellico-Maroncelli secondo gli atti officiali segreti, Milano, Cogliati, 1903.
Giovanni Sforza (storico), Silvio Pellico a Venezia, 1820-1822, Venezia, R. Dep. Veneta di Storia Patria, 1917.
Raffaello Barbiera, Silvio Pellico, Milano, Alpes, 1926.
Marino Parenti, Bibliografia delle opere di Silvio Pellico, Firenze, Sansoni antiquariato, 1952.
Saluzzo e Silvio Pellico nel 150esimo de "Le mie prigioni", atti del Convegno di studio (Saluzzo, 30 ottobre 1983), a cura di Aldo A. Mola, Torino, Centro Studi Piemontesi, 1984.
Giancarla Bertero (a cura di), Rassegna bibliografica di opere di Silvio Pellico: 1818-1910, Saluzzo, Edelweis, 1989 ("Quaderni di attivita divulgativa dell'Assessorato per la Cultura della Città di Saluzzo" 1).
Miriam Stival, Un lettore del Risorgimento: Silvio Pellico, presentazione di Anna Maria Bernardinis, Pisa, Istituti

editoriali e poligrafici internazionali, 1996 ("Biblioteca di studi e ricerche sulla lettura" 1).

Elvio Ciferri, Pellico Silvio, in «Encyclopedia of the Romantic Era», New York-London, Fitzroy Dearborn, 2004

Cristina Contilli, Composizione, pubblicazione e diffusione de Le mie prigioni. Un percorso attraverso l'epistolario di Silvio Pellico, Firenze, Edizioni Polistampa, 2004.

Giovanna Zavatti, Vita di Silvio Pellico e di Juliette Colbert marchesa di Barolo, Milano, Simonelli Editore, 2004.

Aldo A. Mola, Silvio Pellico: carbonaro, cristiano e profeta della nuova Europa, postfazione di Giovanni Rabbia, Milano, Tascabili Bompiani, 2005.

Leggi online due recensioni nel sito dedicato a Giovanni Giolitti.

Cristina Contilli, Le passioni di Silvio Pellico, Torino, Edizioni Carta e Penna, 2006.

Gabriele Federici, I Santuarii di Silvio Pellico, in "Otto/Novecento", a. XXXV, n. 1, gennaio/aprile 2011, pp. 125–129.

Note[modifica | modifica sorgente]

^ Il 25 giugno è battezzato nel Duomo di Saluzzo. Cfr. Ilario Rinieri, "Della vita e delle opere di Silvio Pellico", http://www.archive.org/stream/dellavitaedelle02rinigoog/dell avitaedelle02rinigoog_djvu.txt.

^ L'opera fu composta nel 1813 nel castello di Murisengo.

^ Pellico ritroverà Confalonieri nel carcere dello Spielberg.

^ Le relazioni sentimentali sono ricostruibili sia attraverso le "Lettere milanesi" (a cura di Mario Scotti, Torino, Loescher-Chiantore, 1963), sia attraverso la raccolta "Poesie inedite" (Torino, Tipografia Chirio e Mina, 1837), vissute entrambe quando viveva a Milano (1810-1820).

^ Per Teresa Marchionni, il Pellico scrisse nel 1820 una commedia vaudeville intitolata La festa di Bussone.

^ V. Monti, "Il ritorno d'amore al cespuglio delle quattro rose per le nozze della signora D. Cristina Trivulzio col signor conte D. Giuseppe Archinto", Milano, Tipografia Silvestri, 1819.

^ S. Pellico, "Epistolario, raccolto e pubblicato a cura di G. STEFANI, Firenze, Le Monnier, 1856; lettera al conte Luigi Porro del gennaio 1836.

^ Morì in carcere, il 13 giugno 1823, di consunzione per fame a soli 29 anni.

^ Epistolario di Silvio Pellico, libreria editrice di educazione e d'istruzione di Paolo Carrara, Milano, 1874.

^ Oggi Servi di Dio della Chiesa cattolica.

^ SILVIO PELLICO - Departamento GENERAL SAN MARTÍN

^ Si faccia una ricerca per Pellicova, Brno su Google Maps

^ Riproduzione digitale interamente accessibile in Google Books.

^ In occasione dell'epidemia di colera del 1835 la città di Torino era stata consacrata alla Madonna e Pellico aveva scritto una poesia su questa vicenda anche come ringraziamento: infatti dopo il voto l'epidemia si era esaurita in breve tempo

^ Contiene gli inni Per l'invenzione di Santa Croce; Per la festa di San Francesco Saverio protettore dell'opera.

^ L'opera fu composta intorno al 1839, come risulta da una lettera al fratello Luigi in cui vengono riportati alcuni versi che Pellico aveva corretto, seguendo i suggerimenti del fratello.

^ La data di composizione è difficile da ricostruire perché l'opera non risulta citata nelle lettere del Pellico.

^ Il testo si trova all'interno di un articolo che ricostruisce la vita del Pellico, citando molte lettere indirizzate dallo scrittore all'amico Gian Gioseffo Boglino, all'epoca ancora inedite (la prima edizione dell'epistolario del Pellico uscirà, infatti, due anni dopo). Questa ricostruzione della biografia del Pellico uscì sulla rivista in tre puntate firmata M. Marchese.

^ Si tratta di un poemetto che si riferisce senza dubbio alle suore dell'asilo per bambini poveri ospitato a palazzo Barolo di cui Silvio Pellico era responsabile.

^ Cfr. Aleksandr S. Puškin, Opere, Mondadori, Milano, 1990-2006, pp.1259-1261 ISBN 88-04-56255-2

Altri progetti[modifica | modifica sorgente]

Wikisource contiene opere originali di o su Silvio Pellico

Wikiquote contiene citazioni di o su Silvio Pellico

Commons contiene immagini o altri file su Silvio Pellico
Collegamenti esterni[modifica | modifica sorgente]
Opere di Pellico in Google Books.
Opere di Pellico nella biblioteca digitale del Progetto Manuzio.
Versione digitale della tragedia Francesca da Rimini (secondo l'ed. di Firenze, Adriano Salani, 1899), a cura di Cono A. Mangieri, nel sito Classici italiani.
Testo delle Poesie di Silvio Pellico secondo l'edizione Baudry, 1840
Casa natale di Silvio Pellico (Saluzzo, Piazzetta dei Mondagli n° 5, 1° piano): sito ufficiale del Comune di Saluzzo.
Chi era costui, Epigrafi commemorative del 1858 e 1889
Biografia religiosa di Silvio Pellico
Santi e beati, Silvio Pellico

PAGINA DI DISCUSSIONE:

Silvio Pellico comincia a lavorare nella casa del conte Porro nel 1816, nel 1814 era ancora il precettore di Odoardo Briche. Lascerà quest'incarico per ragioni economiche. Avendo perso, con la caduta del regime napoleonico, il lavoro di insegnante di francese presso il Collegio Militare di Milano, non può più accontentarsi del trattamento che gli riservavano in casa Briche: vitto, alloggio e 50 lire al mese, non sempre pagate regolarmente. Cristina Contilli
Ho visto citati anche i miei studi su Pellico, manca però l'edizione delle poesie: Cristina Contilli (a cura), Silvio Pellico, "Poesie scelte", Torino, Edizioni Carta e Penna, 2006.
Volevo aggiungere anche che nell'articolo non vengono ricordate le storie d'amore di Silvio Pellico. Le più importanti sono state quella con l'attrice Teresa (Gegia) Marchionni e con la nobile milanese Cristina Archinto Trivulzio, ricostruibili sia attraverso le lettere del periodo milanese (Silvio Pellico,

"Lettere milanesi", a cura di Mario Scotti, Torino, Loescher-Chiantore, 1963) sia attraverso la raccolta "Poesie inedite", Torino, Tipografia Chirio e Mina, 1837. Per Teresa Marchionni il Pellico aveva scritto nel 1820 un vaudeville intitolato "La festa di Bussone" (C. Cagno, "Silvio Pellico librettista e traduttore per la Gegia Marchionni", Torino, Stabilimento Tipografico Sane, 1921). La loro storia d'amore, contrastata dalla famiglia di Pellico che non voleva vederlo unito ad un'attrice e sofferta, perchè all'inizio non ricambiata, si concluderà bruscamente nell'ottobre del 1820 con l'arresto dello scrittore. Cristina Trivulzio, di cui Silvio Pellico si era innamorato nell'estate del 1819, sposa invece nel novembre dello stesso anno il conte milanese Giuseppe Archinto(V. Monti, "Il ritorno d'amore al cespuglio delle quattro rose per le nozze della signora D. Cristina Trivulzio col signor conte D. Giuseppe Archinto", Milano, Tipografia Silvestri, 1819). I due innamorati si rivedranno solo molti anni dopo nel 1836(S. Pellico, "Epistolario, raccolto e pubblicato a cura di G. STEFANI, Firenze, Le Monnier, 1856; lettera al conte Luigi Porro del gennaio 1836),ma dovranno passare altri 11 anni prima di ritrovarsi definitivamente.

Indice

Silvio Pellico[modifica | modifica sorgente]

Ciao ho bisogno di aiuto, dobbiamo allestire una mostra sul risorgimento e mi servirebbe il discorso di S. Pellico ai giovani italiani, mi potete aiutare. Cordiali saluti Angela Banderali angelabande@libero.it

Data di nascita[modifica | modifica sorgente]

24 giugno 1789 0 25 giugno 1789? C'è una fonte affidabile e verificabile per questo dato? --Accurimbono (msg) 09:47, 31 gen 2012 (CET)

Il 25 giugno è il giorno del battesimo nel duomo di Saluzzo come risulta dalla biografia del Pellico scritta da Ilario Rinieri: http://www.archive.org/stream/dellavitaedelle02rinigoog/dell avitaedelle02rinigoog_djvu.txt
Ho inserito questa informazione nel testo. Sentruper (msg) 21:09, 4 giu 2012 (CEST)
OPERE MINORI DI SILVIO PELLICO[modifica | modifica sorgente]
Forse può essere utile anche questo elenco: S. PELLICO, Eugilde della Roccia, Torino, Stamperia Reale, 1834.
Id., Trois nouvelles piémontaises par Silvio Pellico; le comte De *** et M. De ***, Paris, Ladvocat, 1835 (contiene tre racconti ambientati nel Piemonte del medioevo, Pellico pubblicò in questa raccolta una versione in prosa della sua Eugilde, gli altri due autori erano il conte Balbo e il marchese De Barante).

Id., Il Sacro monte di Varallo: carme, Varallo, coi tipi di Teresa Rachetti ved. Caligaris, 1836.
Id., Il voto a Maria, Torino: Tipografia eredi Botta, 1836 (in occasione dell'epidemia di colera del 1835 la città di Torino era stata consacrata alla Madonna e Pellico aveva scritto una poesia su questa vicenda anche perché dopo il voto si era in breve tempo esaurita l'epidemia).
Id. Poésies catholiques de Silvio Pellico / traduites par C. Rossignol, Lyon, chez Pélagaud et Lesne, 1838.

Id., Per l'opera della propagazione della fede. Inni di Silvio Pellico, [Torino], Dalla stamperia Racca ed Enrici, 1841 (Contiene gli inni Per l'invenzione di Santa Croce; Per la festa di San Francesco Saverio protettore dell'opera).
Id., Ai reali sposi: omaggio della città di Torino, Torino: Tipografia eredi Botta, 1842 (i reali sposi sono Vittorio Emanuele II e la prima moglie).
Id., Canto funebre in morte dell'arciduchessa Maria Carolina sorella della duchessa di Savoia Maria Adelaide / commento

in una lezione di eloquenza da Guglielmo Audisio, Torino : Stamperia sociale degli artisti tipografi, 1844 Id. Poesia inedita, Sulla p. [7] fac-simile del carattere della poesia 'Augurio' il cui autografo si conserva in Roma presso Giovanni Torlonia, Roma, [s.n.], 1845.

--Sentruper (msg) 08:24, 18 giu 2012 (CEST)✔ Fatto RIPRODUZIONI FOTOGRAFICHE DI AUTOGRAFI DEL PELLICO:

http://www.archiviocapitolaredipistoia.it/silvio_pellico_lettera _a_claudio_samuelli_vescovo_di_montepulciano_pt_ac_lettere_ autografe_letterati_e_poeti_1022_silvio_pellico-idm126.php http://www.comune.torino.it/cultura/biblioteche/iniziative_ mostre/mostre/giulia/immagini/tav10_2.jpg&w=200&h=317 &ei=qWTfT8y-Cs3Fswbq3q2oDQ&zoom=1 http://www.donbosco-torino.it/ita/Kairos/Centro%20Documentazione/06-07/007-Manoscritti_antichi.html http://www.bibliotecauniversitaria.ge.it/opencms/opencms/i t/cataloghi/profili_risor/pellico.html http://www.lettere.eremita.it/storiche/pellico.htm ALTRI AUTOGRAFI: VENEZIA, BIBLIOTECA MARCIANA Lettera con allegato, originale, con firma autografa. Destinatario: Artico, Filippo <m. 1859> (Gams, 813). Mittente (autografo): Pellico, Silvio <1789-1854> (s.a. n. 1788; ABI I 758, 102-166; II 454, 170-201; II S 63, 272-274; III 327, 1-17). Torino, 1846-05-07 (c. 240v). Osservazioni: a cc. 241r-242v componimento poetico di mano del Pellico intitolato "Il saluto d'un amico agli egregi alunni del Seminario d'Asti". http://www.nuovabibliotecamanoscritta.it/Generale/ricerca/ AnteprimaManoscritto.html?codiceMan=33085&tipoRicerca=S &urlSearch=codBiblioteca%3D0%26area1%3DPellico+Silvio% 26area2%3D%26area3%3D%26area4%3D%26tipoRicerca%3 DS%26language%3Dit&codice=&codiceDigital= POESIE, ROMANZI E TRAGEDIE PUBBLICATE DOPO LA MORTE DEL PELLICO:

S. PELLICO, Adelaide o la fanciulla muta, (cantica composta intorno al 1839 come risulta da una lettera al fratello Luigi in cui vengono riportati alcuni versi che Pellico aveva corretto, seguendo i suggerimenti del fratello), Adella (tragedia, la data di composizione è difficile da ricostruire perché non risulta citata nelle lettere del Pellico), Boezio (tragedia, composta nel 1831), Laodamia (tragedia, composta nel 1813), Turno (tragedia, composta nel 1813) contenute in I. RINIERI Della vita e delle opere di Silvio Pellico, Terzo volume, Torno, Libreria di Renzo Streglio, 1901.

Id., Cola di Rienzo (romanzo storico composto tra il 1817 e il 1820), in S. PELLICO, Lettere milanesi, a cura di M. SCOTTI, Torino, Loescher-Chiantore, 1963.

Id., In morte di Napoleone in Rivista nazionale contemporanea italiana, volume 8 del 1856.

Id., Le educatrici infantili in Il fiore strenna poetica per l'anno 1855 (si tratta di un poemetto che si riferisce senza dubbio alle suore dell'asilo per bambini poveri ospitato a palazzo Barolo di cui Silvio Pellico era responsabile.)

Id., Raffaella (romanzo storico, composto probabilmente nell'inverno 1830-1831), Torino, Collegio degli artigianelli, tip. e libreria, 1877.

Id., Un'ottava inedita che inizia con i versi Vuoi tu l'ama aver contenta pubblicata in Revue contemporaine del 1854 ((il testo si trova all'interno di un articolo che ricostruisce la vita del Pellico, citando molte lettere indirizzate dallo scrittore all'amico Gian Gioseffo Boglino, allora ancora inedite, la prima edizione dell'epistolario del Pellico uscirà, infatti, due anni dopo, questa ricostruzione della biografia del Pellico uscì in tre puntate sulla rivista ed è firmata M. Marchese, un giornalista che non sono riuscita ad identificare, ma che doveva avere dei contatti diretti con alcuni amici del Pellico sia per le numerose lettere che riporta sia per gli aneddoti che racconta).

HO TROVATO ANCHE QUESTA:

H. Bédarida, Un poème et une lettre de S. Pellico avec quelques autres inédits, in Etudes italiennes,IV(1932), pp. 239-254;
La lettera è indirizzata ad Alexandre Andryane ed è del 1852, una copia parziale è conservata alla Biblioteca Nazionale Centrale di Firenze (l'ho vista all'epoca del dottorato, ma non l'ho trascritta perché era una copia), l'originale dovrebbe essere alla Nazionale di Parigi.
Mazzini[modifica | modifica sorgente]
UN SEVERO GIUDIZIO DI MAZZINI SULLE OPERE DEL PELLICO:
Scritti editi ed inediti: Volumi 8-9 Nessuna immagine di copertina books.google.it Giuseppe Mazzini Italy. Ra. Commissione per l'edizione nazionale degli Scritti di Giuseppe Mazzini - 1910 - Visualizzazione snippet Le Mie Prigioni sono incontrastabilmente il miglior lavoro di Pellico: inferiori sono le sue Cantiche, piu inferiori le tragedie. Tocchi patetici di semplicità e soavità frequente di verso non bastano a costituir Drammi o Poemi.
Per fortuna in Italia c'è libertà di parola... --Sentruper (msg) 08:51, 2 lug 2012 (CEST)
MORTE DI ODOARDO BRICHE:
La morte di Odoardo Briche viene presentata da pellico ne Le mie prigioni come un incidente, ma nelle sue addizioni Maroncelli racconta che invece Odoardo era andato da Pellico per chiedergli un prestito un libro e parlargli, Pellico però che in quel momento era preso dal suo lavoro presso il conte Porro non gli aveva potuto dare retta e così Odoardo aveva preso il libro ed era andato via. Dalle lettere di Pellico al fratello Luigi emerge che lo stesso Pellico non era certo se si fosse trattato di un suicidio o di un incidente anche se temeva che Odoardo ragazzo particolarmente intelligente e sensibile che andava poco d'accordo sia con il padre sia con il fratello maggiore avesse potuto decidere di porre fine alla propria vita.

Ringraziamenti:

Ringrazio per la gentile e preziosa collaborazione la dott. ssa Giancarla Bertero, responsabile dell'Archivio Storico del Comune di Saluzzo.